Analiza książki

AF137387

Tristan i Izolda

• • • • • • • • • • • • • • • •

René Louis

ANALIZA KSIĄŻKI

Napisany przez Christelle Legros
Przetłumaczony przez Kâmil Kowalski

Tristan i Izolda

• •

René Louis

RENÉ LOUIS

FRANCUSKI HISTORYK, FILOLOG I ARCHEOLOG

- **Urodzony w Yonne (Francja) w 1906 r.**

- **Zmarł w 1991 r.**

- **Jego praca:**

  - *Tristan i Izolda* (1972), powieść

Historyk, filolog i archeolog René Louis wykładał historię literatury średniowiecznej na różnych uniwersytetach w latach 1941-1977. W 1927 r. odkrył freski karolińskie w kryptach w Saint-Germain (Auxerre), co zapewniło mu sławę mediewisty. Jako ucznia Josepha Bédiera i Ferdinanda Lota, jego publikacje są kamieniami milowymi w świecie akademickim.

TRISTAN I IZOLDA

BOHATEROWIE DOPROWADZENI DO SZALEŃSTWA PRZEZ SWOJĄ WSZECHOGARNIAJĄCĄ MIŁOŚĆ

- **Gatunek:** powieść

- **Wydanie referencyjne:** Louis, R. (1972) *Tristan et Iseult*. Paris: Librairie Générale Française.

- **Wydanie pierwsze:** 1972

- **Tematy:** miłość, szaleństwo, eliksiry, magia, dramat, zazdrość, zdrada

Legenda o Tristanie i Izoldzie jest pochodzenia celtyckiego. We francuskiej literaturze średniowiecznej od XII wieku istnieją jej godne uwagi pisemne ślady, głównie w postaci fragmentów. Od tego czasu opublikowano wiele wersji legendy, w tym wersję René Louisa. Chociaż tekst Louisa nie został jeszcze przetłumaczony na język polski, w niniejszym streszczeniu użyjemy polonizmów imion bohaterów legendy, aby ułatwić zrozumienie.

Legenda ta przedstawia słynne w historii literatury trio: męża (król Marek), jego żonę (królowa Izolda Piękna) i jej kochanka (Tristan). W opowieści wykorzystano wiele elementów celtyckiego źródła, w tym magię. W ten sposób wypicie magicznego eliksiru budzi namiętną miłość, która łączy Tristana i Izoldę i przekracza wszelkie prawa ludzkie i boskie.

PODSUMOWANIE

Składając hołd Josephowi Bédierowi (krytykowi francuskiemu, 1864-1938), który odnowił legendę o Tristanie i Izoldzie na początku XX wieku, René Louis stwierdził, że chciał wykorzystać te same źródła do odtworzenia rodzaju opowieści, która wyprzedza cywilizację feudalną i rycerską, sięgając do późnego średniowiecza w celtyckiej Brytanii. Jego celem było stworzenie wersji bliższej wczesnej legendzie o Tristanie, różniącej się w ten sposób od wersji Bédiera i autorów z XII wieku.

IRLANDZKI GIGANT

Pewnego dnia irlandzki olbrzym, Morholt, grozi, że zażąda hołdu od króla Marka, który panuje w Kornwalii. Żaden z baronów nie ma odwagi rzucić mu wyzwania, poza Tristanem, który wtedy ujawnia swoją tożsamość: w rzeczywistości jest bratankiem króla Marka, synem młodszej siostry monarchy, Blancheflor i Rivalena, syna króla Lyonesse. Od siódmego roku życia kształcony przez giermka Gorvenala, po śmierci ojca przybył na dwór wuja pod fałszywym nazwiskiem, by zyskać uznanie dla swojej odwagi.

Mimo że wygrywa walkę, Tristan zostaje zraniony zatrutą włócznią. Nie mogąc się wyleczyć, odpływa łodzią i trafia do Irlandii, gdzie opiekuje się nim królowa Izolda i jej córka, Izolda Piękna. Kiedy w końcu zostaje wyleczony, wraca do Kornwalii. Zdradzieccy baronowie są zazdrośni o Tristana i oskarżają go o próbę zostania następcą swojego wuja, powstrzymując go przed małżeństwem i spłodzeniem potomka. Król Marek wybiera na żonę kobietę, której włosy, jasne jak złoto, przyniosły jaskółki. Rozpoznając włosy młodej Izoldy, Tristan wyrusza, by zdobyć ją dla swojego wuja.

SMOK

Gormond, król Irlandii, obiecuje Izoldę temu, kto uwolni kraj od smoka, który go nęka. Tristan zabija potwora i zabiera jego język jako trofeum, ale gdy dotyka języka zostaje otruty. Główny szafarz króla, który widział tę scenę, odcina głowę smoka i ogłasza się mistrzem. Izolda odmawia jednak poślubienia go, przekonana, że prawdziwy zwycięzca jest ukryty w pobliżu. Wraz z matką odnajduje Tristana i ponownie się nim opiekuje. Kiedy widzi, że odłamek znaleziony w głowie jej wuja Morholta pochodzi z miecza Tristana, Izolda wpada w gniew i chce go zabić, ale młodzieńcowi udaje się ją przekonać, obiecując bronić jej przed stewardem.

Uświadamia sobie, że Tristan zabił potwora: jest więc tym, który powinien poślubić Izoldę. Gormond, któremu wyjawia swoje prawdziwe zamiary, zgadza się oddać córkę królowi Markowi. Tymczasem królowa przygotowuje specjalne "wino", które może obudzić namiętność w mężczyźnie i kobiecie, którzy je wypiją. Daje je służącej Izoldy, Brangaine, aby ta mogła podać równą porcję Markowi i Izoldzie w ich noc poślubną. Nie podejrzewa, że miksturę wypije Tristan, a nie Marek.

ELIKSIR MIŁOŚCI

Gdy przeprawiają się przez morze, Brangaine uspokaja Izoldę, że jej małżeństwo będzie szczęśliwe, opowiadając jej o magicznym eliksirze. Dziewczyna odmawia jednak podzielenia się z Markiem winem, a służąca, domyślając się, że Izolda jest zakochana w Tristanie, postanawia zmusić ich do wypicia mikstury. Eliksir działa natychmiast: ogarnięci miłością oddają się cielesnej namiętności. Aby ukryć to przed Markiem, Izolda prosi Brangaine, która jest dziewicą, aby zajęła jej miejsce w królewskim łożu w noc poślubną. Marek daje się nabrać na ten podstęp, co pozwala zadowolonej Izoldzie kontynuować związek z Tristanem.

Jednak beztroscy kochankowie stopniowo narażają się na niebezpieczeństwo. Kiedy przyłapuje ich Kariado, wierny wyznawca Marka, jest zazdrosny i ostrzega króla, który postanawia wystawić królową na próbę. Izolda wychodzi cało z sytuacji dzięki Brangaine, po czym daje się przekonać melodii granej na harfie przez irlandzkiego barona. Tristan używa innej przebiegłej sztuczki, aby ją uwolnić. Następnie baronom udaje się złapać dwoje kochanków i poinformować króla, który skazuje Tristana na banicję. Ten zaś ukrywa się w lesie, by pozostać blisko Izoldy: jak leszczyna i wiciokrzew, kochankowie nie mogą żyć oddzielnie, nie ryzykując śmierci.

ŚMIERTELNA PUŁAPKA

Król zostaje poinformowany przez karła Frocina, że Tristan i Izolda spotykają się nocą w sadzie, w pobliżu fontanny, i postanawia zrobić im niespodziankę, chowając się w sośnie w sadzie. Tristan widzi jednak jego odbicie w fontannie i zmienia sposób bycia, gdy zbliża się królowa. Staje się podejrzliwa i mówi w sposób, który uniewinnia jej kochanka. Niczego nie podejrzewający Marek ufa bratankowi i zaprasza go z powrotem na dwór. Dumni ze swojego podstępu Tristan i Izolda nie wiedzą, że wkrótce zostaną skazani na śmierć.

Zdradzieccy baronowie nadal chcą złapać kochanków na gorącym uczynku i proszą Frocyna, by rozsypał mąkę na podłodze między łóżkami Tristana i królowej. Tristan, gdy odkrywa tę pułapkę, wskakuje do łoża Izoldy, ale tym samym rani się. Plamy krwi są pewnym dowodem winy kochanków: oszalały z wściekłości król postanawia skazać ich na śmierć bez procesu.

UCIECZKA KOCHANKÓW

W drodze na stos, Tristan prosi o zatrzymanie się, aby mógł pomodlić się w kaplicy nad urwiskiem. Rzuca się z klifu, ląduje nie robiąc sobie krzywdy i ucieka. Król jest wściekły i żąda, aby Izolda została natychmiast publicznie spalona. W tłumie jest grupa trędowatych, a ich przywódca proponuje królowi, by oddał im Izoldę: w ten sposób jej kara będzie gorsza niż śmierć. Król przyjmuje tę propozycję, ale Tristan i Gorvenal atakują trędowatych i uwalniają królową.

Schroniwszy się w lesie Morois, kochankowie wiodą ciężkie, pełne trudów życie, które boleśnie ich osłabia. Spotykają pustelnika, brata Ogrina, który zachęca ich do pokuty. Jednak "nie jest w ich mocy wyrzec się swojej miłości" (s. 119). Pewnej nocy zasypiają z mieczem Tristana między sobą. Widzi ich leśniczy i mówi o tym królowi, który wzruszony widokiem śpiących tak niewinnie, okazuje swą łaskawość, pozwalając im spać.

PROCES IZOLDY

Po trzech latach od zażycia eliksiru czar prysł, ale oboje, Tristan i Izolda, czują, że ich miłość pozostała. Mimo to, dla własnego dobra muszą wrócić do normalnego życia. Pustelnik zgadza się im pomóc, pisząc list do Marka. Król odpowiada, że akceptuje powrót Izoldy, ale nie Tristana. Kochankowie obiecują sobie zawsze pomagać i na znak tej przysięgi Tristan oferuje Izoldzie swojego psa, a ona daje mu swój magiczny pierścień. Izolda zostaje pięknie powitana przez króla, natomiast Tristan udaje się do kryjówki, aby móc otrzymywać wiadomości o królowej.

Zdradziecy baronowie wzywają do postawienia jej przed sądem. Izolda zgadza się usprawiedliwić, by odsunąć od siebie wszelkie podejrzenia. Ważne jest jednak dla niej, by nie kłamać przed Bogiem i z pomocą Brangaine wymyśla plan. Ponieważ przysięga zostanie złożona w Mal Pas, plan zakłada poproszenie trędowatego, który tak naprawdę jest Tristanem w przebraniu, aby pomógł jej przejść przez bród. Izolda siada na Tristanie, a kiedy zeznaje, przysięga przed Bogiem, że "żaden mężczyzna poza jej mężem, królem Markiem, i tym trędowatym nigdy nie był między jej nogami" (s. 156).

W ten sposób udowadnia się niewinność Izoldy. Marek nie jest jednak skory do przywołania Tristana z powrotem do siebie. Ten ostatni chce opuścić kraj, ale powstrzymuje go przed tym miłość do Izoldy. Wraca więc, aby ją odnaleźć ryzykując śmierć, ale ona jest świadoma niebezpieczeństwa i błaga go o ucieczkę.

WYGNANIE TRISTANA

Na swojej drodze Tristan spotyka kilku rycerzy Okrągłego Stołu i towarzyszy im na dworze, aby zobaczyć Izoldę przed swoim wygnaniem. Król pozwala grupie zatrzymać się w swojej sypialni, ale broń mają umieścić na podłodze, bo nie ufa im. Kiedy dołącza do Izoldy, Tristan znów się rani. Na szczęście ratuje go Keu, seneszal (urzędnik odpowiedzialny za sprawy administracyjne i domowe w domach szlacheckich w średniowieczu), który każe łowcom wstać tak, by cały pokój był pokryty krwią, a Tristan nie został złapany. W końcu wyrusza z Gorvenalem do Bretanii.

Po przybyciu na miejsce, znajdują schronienie u króla Bretanii Hoela, ojca Sir Kahedina i Izoldy o Białych Dłoniach. Żeniąc się z drugą Izoldą, której uroda i imię przypominają mu o jego dawnej kochance, Tristan na próżno próbuje się pocieszyć. Kiedy Kariado chytrze mówi Izoldzie Pięknej o małżeństwie Tristana, królowa, która nie zapomniała o nim i jest w wielkim cierpieniu, śpiewa laur zapowiadający śmierć.

IZOLDA O BIAŁYCH DŁONIACH

Podczas spaceru Tristana i Izoldy o Białych Dłoniach, woda z brodu ochlapuje młodą pannę, która wykrzykuje, że woda jest odważniejsza od jej męża. Rzeczywiście, mimo urody młodej kobiety, ich związek nie został skonsumowany. Kahedin jest tym rozgniewany, ale gdy Tristan opowiada mu o wszystkim, wybacza przyjacielowi i proponuje mu powrót do Anglii, by upewnić się o miłości Izoldy Pięknej.

Po powrocie do Kornwalii Tristan ukrywa się, aby ponownie zobaczyć królową. Gdy naśladuje śpiew ptaka, ona go rozpoznaje i dzięki Brangainie kochankowie spotykają się ponownie. Jednak pewnego dnia Izolda, zraniona przez nieporozumienie, nie uznaje Tristana i każe go przepędzić. Ten rozpacza przez rok, po czym, zdecydowany zobaczyć ją ponownie, ponownie przepływa morze i udaje, że jest szalony. Dzięki Brangainie i psu Tristana – Husdentowi, kochankowie spotykają się. Izolda przeprasza i przysięga, że nigdy nie przestanie kochać Tristana, który następnie ponownie odchodzi.

Pogrążając się w melancholii, buduje pałac z obrazów, w którym stawia rzeźby na cześć Izoldy Pięknej i ich miłości.

CZARNY ŻAGIEL

Zatruty włócznią Tristan prosi Kahedina o odnalezienie Izoldy Pięknej, jedynej osoby, która może go wyleczyć, i walczy o utrzymanie się przy życiu, podtrzymywany nadzieją zobaczenia jej po raz ostatni. Kahedin zgadza się na to i zapowiada, że na swoim statku będzie niósł dwa żagle: biały, który będzie oznaczał powrót ukochanej, i czarny, który będzie świadczył o tym, że Izolda odmawia mu pomocy.

Ale Izolda o Białych Dłoniach, która wszystko podsłuchała, chce się zemścić i po powrocie brata okłamuje Tristana i mówi mu, że żagiel jest czarny. Tristan umiera, a Izolda Piękna, odkrywając ciało ukochanego, załamuje się i również umiera. Kahedin zabiera ich ciała z powrotem do Kornwalii, gdzie zostaną pochowani. Z ich grobów wyrastają dwa krzewy, leszczyna i wiciokrzew, których nie sposób rozdzielić.

STUDIUM POSTACI

KRÓL MAREK

Marek panuje nad Kornwalią i wywodzi się ze starożytnego rodu. Doszedłszy do późnego wieku, nie ma żony ani dziedzica. Szlachetny, hojny, lojalny i odważny, jest jednak często wybuchowy. Jego nastroje są nieprzewidywalne, a on sam potrafi być brutalny i okrutny. Doskonale radzi sobie przede wszystkim z polowaniem.

Jego władza nad wasalami jest chwiejna: jako że łatwo daje się zastraszyć baronom, ulega wpływom i manipulacjom ich słów i intryg. Jest też naiwny i łatwowierny, co oznacza, że często ufa pozorom i bierze je za rzeczywistość. W ten sposób obdarza kochanków całkowitym zaufaniem i łaskawością, gdy tylko życzliwe lub umiejętnie dobrane słowo przegoni z jego umysłu najczarniejsze podejrzenia. Ta cecha charakteru czyni go zmiennym: gdy zawładnie nim zwątpienie, jest bardzo zły; gdy spacyfikuje go to, co widzi lub słyszy, znów staje się miłosierny i swobodnie wybacza ludziom.

Jednak mimo wszystko król Marek czule kocha swoją żonę i Tristana. Gdy zmuszony jest do wygnania tego ostatniego, jest tym faktem zasmucony. Gdy odzyskuje ciała żony i bratanka, oddaje im cześć, grzebiąc je obok siebie, a nie paląc. Ostatecznie więc w jego sercu zwycięża łaskawość.

TRISTAN

Urodzony w Lyonesse, Tristan jest synem Blancheflor, naj-młodszej siostry króla Marka, i Rivalena, syna króla Lyonesse. Jego ojciec chrzci go celtyckim imieniem "Drustan", które staje się "Tristanem", imieniem, które lepiej oznacza smutek rodziców z powodu jego narodzin i które zapowiada próby i nieszczęścia, z którymi będzie się później zmagał (francuskie słowo *triste* oznacza "smutny"). Rzeczywiście, Blancheflor umiera podczas porodu, a Rivalen, zrozpaczony, zostawia go jako sierotę w wieku piętnastu lat. Od siódmego roku życia Tristan jest wychowywany przez Gorvenala, który zawsze pozostanie mu wierny, a jego edukację po przybyciu do Kornwalii uzupełnia seneszal Dinas z Lidanu.

Tristan posiada cechy prawdziwego rycerza: jest przystojny, waleczny, odważny, wierny swojemu królowi i ukochanej, lojalny i dzielny. Jego wyczyny stawiają go ponad wszystkimi baronami. Tristan obdarzony jest wielką, wręcz nadludzką siłą fizyczną (pamiętajmy o jego zwycięstwach nad olbrzy-mem i smokiem), jest uzdolniony we wszystkich sztukach: jest doskonałym poetą, harfistą, naśladowcą śpiewu ptaków, jeźdźcem, myśliwym i giermkiem. Jest też przebiegły (np. gdy odbija Izoldę od irlandzkiego barona), robi pomysłowe narzę-dzia (swój łuk, który nazywa Niechybny) i zna sekrety roślin, dzięki którym może zmienić swój wygląd, ukryć się, przybie-rając inną tożsamość, lub zamaskować głos.

Jednak spożycie eliksiru nieodwracalnie zmienia jego drogę, która wydawała się być już ułożona. Tristan przeżywa wów-czas męki zazdrości i kilkakrotnie ociera się o śmierć, by zoba-czyć Izoldę Piękną. Rzeczywiście, szaleństwo czeka na niego, gdy spędza zbyt wiele czasu z dala od ukochanej. Ponadto jego zachowanie wobec Izoldy o Białych Dłoniach jest nieuzasadnione i niesprawiedliwe. Budzi to zazdrość jego młodej żony, co ostatecznie prowadzi do śmierci kochanków.

IZOLDA PIĘKNA

Ma dwanaście lat, gdy ranny Tristan przybywa do zamku jej ojca, króla Irlandii Gormonda. Podczas gdy Tristan wraca do zdrowia, ona zostaje jego uczennicą: uczy ją muzyki i śpiewu. Jej blond włosy lśnią jak złoto. Jest uprzejma i posiada wszystkie cechy, jakich mężczyzna mógłby sobie życzyć u żony. Jest uzdrowicielką i zna sekrety roślin dzięki naukom swojej matki królowej Izoldy, siostry Morholta.

Rozdarta między poczuciem obowiązku wobec męża a wszechogarniającą namiętnością do Tristana, Izolda stosuje każdą dostępną jej strategię, by utrzymać swoje dwie role – mężatki i kochanki. Nie chce zrezygnować z żadnej z nich. Jest bardzo przebiegła i udaje jej się wyjść z delikatnych sytuacji z pomocą wiernej służącej Brangaine. Potrafi też okazać się okrutna, dumna i bezlitosna (zwłaszcza w epizodach, w których chce zabić Brangaine i kiedy każe przegonić Tristana). Zdaje sobie jednak sprawę ze swoich krzywd i karze się (np. każąc sobie nosić koszulę z włosami). Izolda wydaje się mniej niewinna od Tristana od momentu, gdy poinformowana przez Brangaine o mocy wina przygotowanego przez jej matkę, pozwala Tristanowi napić się go, gdy ten jest spragniony. Następnie dzieli się pucharem z nim, a nie z mężem, jak to było początkowo planowane, ponieważ w głębi serca pociąga ją jego zwycięstwo nad irlandzkim smokiem. Po wyjeździe Tristana do Bretanii, ją również dręczy zazdrość i samotność.

IZOLDA O BIAŁYCH DŁONIACH

Córka króla Bretanii Hoela, Izolda o Białych Dłoniach jest "piękna i uczona" (s. 168). Jej podobieństwo do Izoldy Pięknej przyciąga uwagę i zainteresowanie Tristana, który w chwili głębokiego rozgoryczenia prosi ją o rękę. Młoda i zakochana, radośnie się zgadza. Wiadomość ta zachwyca również jej brata Sir Kahedina, który lubi Tristana. Jednak w noc poślubną Tristan nie może skonsumować małżeństwa, ponieważ widzi twarz Izoldy Pięknej odbitą w pierścieniu z zielonego jaspisu, który podarowała mu przed rozstaniem. Nieświadoma takich spraw Izolda o Białych Dłoniach nie obraża się. Okazuje się cierpliwa i czuła wobec męża, choć pewnego dnia skarży się Kahedinowi na swoją sytuację i rzeczywiście cierpi z tego powodu. Gdy dowiaduje się prawdy o miłości łączącej Tristana i Izoldę Piękną, jej zrezygnowana czułość przeradza się w gwałtowną chęć zemsty. Brutalnie dręcząca ją zazdrość budzi jej złośliwą stronę, dlatego mówi Tristanowi, że żagiel jest czarny, podczas gdy tak naprawdę jest biały. Śmierć Tristana, a potem Izoldy, jest jej zemstą.

BRANGAINE

Kupiona jako dziecko od norweskich piratów, Brangaine wychowała się razem z Izoldą Piękną i są w tym samym wieku. Choć Brangaine jest służącą Izoldy, jest też jej towarzyszką zabaw i jedyną powierniczką. Mądra i sprytna, jest również przebiegła. Podając wino Tristanowi i Izoldzie, świadomie popełnia błąd, zdradzając tym samym zaufanie królowej Irlandii. Robi to jednak z myślą o pomocy swojej pani, którą darzy głęboką miłością. Pozostanie jej wierna niezależnie od tego, co się stanie. Nieraz pomaga jej w odnalezieniu Tristana: pełni rolę obserwatora kochanków, zajmuje miejsce królowej w łożu króla w ich noc poślubną, okłamuje Marka, by chronić Izoldę itp. Często mówi się o niej "droga Brangaine".

GORVENAL

Wierny Gorvenal jest dla Tristana tym, czym Brangaine dla Izoldy Pięknej. To on, mądry giermek, wychowuje Tristana i towarzyszy mu we wszystkich jego przygodach, ucieczkach i próbach. W związku z tym, gdy kochankowie zostają wygnani do lasu, pomaga im jak może, robiąc dla nich kosze na jedzenie, a także nie waha się zabić napotkanych po drodze wrogów Tristana (leśniczego, który natyka się na śpiących kochanków i zdradza ich, oraz jednego ze zdradzieckich baronów). Gorvenal jest jednak mądrzejszy od swojego ucznia. Kiedy Tristan za wszelką cenę chce ponownie zobaczyć Izoldę, Gorvenal ostrzega go i próbuje odwieść od zbyt ryzykownych planów. Gorvenal ginie podczas ostatniej wyprawy prowadzonej przez sir Kahedina, brata Izoldy o Białych Dłoniach.

ANALIZA

ZARYS NARRACJI

Tristan i Izolda jest tekstem narracyjnym, a więc podąża za klasycznym zarysem narracji. Opowiada o namiętności, która łączy Tristana i Izoldę i która przeciwstawia się wszelkim prawom ludzkim i boskim.

Sytuacja początkowa: to początek opowiadania, moment, w którym autor ustala scenę i wprowadza bohaterów; sytuacja jest stabilna, co oznacza, że nie ma powodu, by się rozwijać.

- Król Marek panuje nad Kornwalią, otoczony przez swoich wasali i baronów. Wyjątkowe cechy jego bratanka Tristana czynią go najgodniejszym z obrońców.

Element zakłócający: jest to wydarzenie, które zakłóca sytuację wyjściową i wywołuje początek opowieści.

- Baronowie króla żądają, by wziął żonę, aby spłodzić dziedzica. Tristan wyrusza do Irlandii w poszukiwaniu jedynej kobiety, którą król zgodzi się poślubić: Izoldy Pięknej. W drodze powrotnej Izolda i Tristan wypijają jednak eliksir miłosny przeznaczony dla Izoldy i Marka i łączy ich nierozerwalna miłość. Tristan staje się rywalem króla.

Rozwój: są to wydarzenia wywołane przez element zakłócający, które doprowadzają do działania (działań) podjętego przez bohatera w celu rozwiązania problemu. W opowiadaniu występują dwa główne wydarzenia:

- Kiedy eliksir zaczyna działać. Tristan i Izolda są tak zakochani, że są nieostrożni, ale za każdym razem ratują się w ostatniej chwili, aż do dnia, kiedy zostają złapani. Kiedy zostają skazani, uciekają i chronią się w lesie, gdzie żyją w ubóstwie. Mimo to eliksir oszczędza im cierpień fizycznych i emocjonalnych: są razem i tylko to się liczy.

- Kiedy eliksir się kończy. Kochankowie nie są już pod magiczną ochroną wina. Odczuwają wtedy cały ból egzystencji, którą prowadzą i zaczynają się martwić o swój los: nadszedł czas rozstania. Nadal się kochają, ale miłością ludzką; od tej chwili przeżywają udręki, wątpliwości i męki swojej namiętności. Izolda wraca do króla i para, która była początkowo planowana, znów jest razem. Jednak Tristan i Izolda tęsknią za sobą, co powoduje, że Tristan wielokrotnie wraca do królowej.

Wynik: kończy rozwój wydarzeń i prowadzi do konkluzji.

- Podczas ostatniej przygody Tristan zostaje ranny i po raz trzeci otruty. Nikt nie potrafi go wyleczyć, oprócz Izoldy Pięknej. W tym samym czasie Izolda o Białych Dłoniach poznaje prawdę o przeszłości swojego męża. Jest zazrosna i teraz jej jedynym pragnieniem jest zemsta. Okłamuje więc Tristana, co prowadzi do jego śmierci.

Konkluzja: to już koniec historii. Sytuacja jest znów stabilna, jak w sytuacji początkowej, ale nastąpiły przekształcenia.

- Izolda Piękna umiera z rozpaczy nad ciałem swego kochanka. Ich ciała zostają odesłane do Kornwalii do króla Marka, który wybacza im i grzebie ich obok siebie. Kochankowie są wiecznie połączeni w śmierci. Dwa krzewy, które wyrastają z ich grobów i splatają swoje gałęzie, symbolizują tę nierozerwalną miłość.

POWIEŚĆ, KTÓRA GRANICZY Z MAGIĄ

Tristan i Izolda, która jak wszystkie legendy najpierw krążyła ustnie, została następnie spisana w języku romańskim, prekursorze współczesnego języka francuskiego, który w średniowieczu współistniał z łaciną. W przeciwieństwie do łaciny, język ten uważany był za język wulgarny. Dlatego też historia Tristana i Izoldy określana jest jako *roman* (po francusku "powieść"). Niemniej jednak legenda o dwojgu kochanków istnieje w wielu formach: lays (lay to krótka forma narracyjna, rodzaj krótkiej opowieści wierszem, popularna w wiekach XII i XIII), długie poematy narracyjne wierszem (konkretnie w oktosylabach, czyli w wersach zawierających osiem sylab) oraz powieści prozą. Istnieją ponadto dwie odmienne wersje: epicka, w której zestawia się sekwencje napisane siermiężnym stylem bez przejść, co słabo nadaje się do analizy psychologicznej; oraz liryczna, zawierająca liczne monologi dramatyczne i rozwijająca miłość dwojga głównych bohaterów. Najsłynniejszym przykładem wersji epickiej jest wersja autorstwa Béroula (trubadur anglo-normandzki, XII wiek), natomiast najsłynniejszą wersją liryczną jest wersja autorstwa Tomasza z Brytanii (trubadur anglo-normandzki, XII wiek), który prezentuje wersję dworską, rycerską.

Obecność elementów magicznych w opowieści (eliksir miłosny, smok, olbrzym, magiczny pierścień itp.) również może przywodzić na myśl formę baśni, podobnie jak fakt, że pewne sceny powtarzają się: Tristan zostaje dwukrotnie zraniony, otruty, a następnie wyleczony przez Izoldę Piękną i jej matkę; kolejne przebrania Tristana, w których rozpoznają go Izolda i Brangaine itp.

Na koniec warto wyjaśnić, że zanim legenda została spisana, krążyła wśród gawędziarzy, którzy w magicznym obowiązku reprezentowanym przez eliksir widzieli alibi dla kochanków i sposób na zaproszenie publiczności do współodczuwania cierpienia bohaterów i wybaczenia im. Była to również okazja do zastanowienia się nad miejscem miłości w społeczeństwie feudalnym: czy ludzie powinni popierać miłość, która jest sprzeczna z wszelkimi prawami, czy też stanąć po stronie ustalonego porządku i małżeństwa? Pisane przeróbki legendy wahają się między tymi dwiema opcjami.

DALSZE CZYTANIE

WYDANIE REFERENCYJNE

Louis, R. (1972) *Tristan et Iseult*. Paris : Librairie Générale Française.

BADANIA REFERENCYJNE

Baumgartner, E. (1993) Les romans de Tristan et Iseut. *Patrimoine littéraire européen. Le Moyen Âge, de l'Oural à l'Atlantique. Littératures d'Europe occidentale.* Brussels: Uniwersytet De Boeck, s. 489-501.

De Beaumarchais, J.-P. i Rey, A. (1984) *Dictionnaire des littératures de langue française.* Paris: Bordas, s. 2333-2338.

Laffont, R. i Bompiani, V. (1960). *Dictionnaire des personnages littéraires et dramatiques de tous les temps et de tous les pays.* Paris: Robert Laffont, s. 506-507 i s. 967-968.

Laffont, R. i Bompiani, V. (1994) *Le Nouveau Dictionnaire des oeuvres de tous les temps et de tous les pays.* Paris: Robert Laffont, s. 7289-7292.

Chcemy usłyszeć od Ciebie, co się dzieje!
Zostaw komentarz na temat swojej internetowej biblioteki
i podziel się swoimi ulubionymi książkami w mediach społecznościowych!

Wydawca zapewnia o wiarygodności publikowanych informacji, co jednak nie może wiązać się z jego odpowiedzialnością.

www.50minutes.com

Master ISBN: 9782808693998
Papierowy ISBN: 9782808615396
Depozyt prawny: D/2023/12603/1819

Verhaal: © Primento

Projekt cyfrowy: Primento, cyfrowy partner wydawców.